M